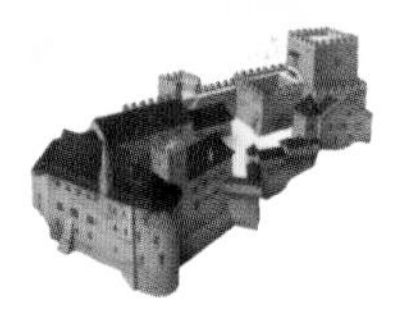

L'INFORMATION ESSENTIELLE

DANS CHAQUE CHAPITRE SE DÉTACHE UN TEXTE COURT COMPOSÉ EN MAJUSCULES QUI MET EN RELIEF UNE IDÉE ET FOURNIT UNE INFORMATION IMPORTANTE POUR LA COMPRÉHENSION DU SUJET. IL SERT AUSSI D'INTRODUCTION AUX LÉGENDES DE TOUTES LES ILLUSTRATIONS DE LA DOUBLE PAGE.

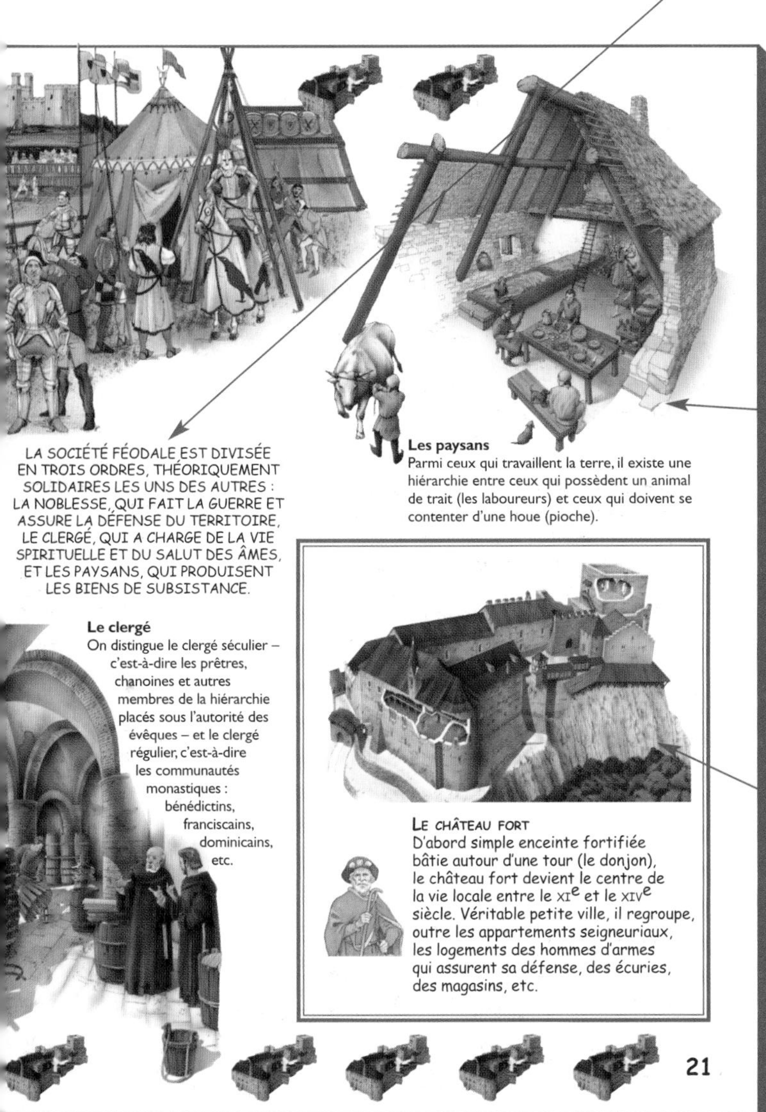

LA SOCIÉTÉ FÉODALE EST DIVISÉE EN TROIS ORDRES, THÉORIQUEMENT SOLIDAIRES LES UNS DES AUTRES : LA NOBLESSE, QUI FAIT LA GUERRE ET ASSURE LA DÉFENSE DU TERRITOIRE, LE CLERGÉ, QUI A CHARGE DE LA VIE SPIRITUELLE ET DU SALUT DES ÂMES, ET LES PAYSANS, QUI PRODUISENT LES BIENS DE SUBSISTANCE.

Les paysans
Parmi ceux qui travaillent la terre, il existe une hiérarchie entre ceux qui possèdent un animal de trait (les laboureurs) et ceux qui doivent se contenter d'une houe (pioche).

Le clergé
On distingue le clergé séculier – c'est-à-dire les prêtres, chanoines et autres membres de la hiérarchie placés sous l'autorité des évêques – et le clergé régulier, c'est-à-dire les communautés monastiques : bénédictins, franciscains, dominicains, etc.

Le château fort
D'abord simple enceinte fortifiée bâtie autour d'une tour (le donjon), le château fort devient le centre de la vie locale entre le XIe et le XIVe siècle. Véritable petite ville, il regroupe, outre les appartements seigneuriaux, les logements des hommes d'armes qui assurent sa défense, des écuries, des magasins, etc.

21

L'ILLUSTRATION PRINCIPALE

Chaque chapitre est complété par un ou plusieurs dessins en couleurs : reproduction de documents ou de tableaux d'époque, ou bien reconstitution de scènes caractéristiques.

UNE PETITE HISTOIRE

Pour chaque chapitre, un petit texte, encadré par un filet et illustré par l'image d'un pèlerin, raconte une histoire en rapport avec le sujet général de la double page.

LE MOYEN ÂGE

DoGi

Une production DoGi spa, Italie

TITRE ORIGINAL : Il Medioevo
ÉDITEUR : Andrea Bachini
TEXTE : Bernardo Rogora
MAQUETTE : Sebastiano Ranchetti
MISE EN PAGES : Andrea Bachini

POUR L'ÉDITION FRANÇAISE
RÉALISATION : Atelier Gérard Finel, Paris
MISE EN PAGES : Michèle Delagneau
TRADUCTION / ADAPTATION : Michèle Delagneau

ISBN 2-7434-1793-5
Imprimé en Italie

Références des illustrations

Les illustrations contenues dans cet ouvrage ont été conçues et réalisées pour DoGi spa, qui en possède les droits.

Abréviations : h, en haut ; b, en bas ; c, au centre ; d, à droite ; g, à gauche.

Illustrations

Alessandro Baldanzi 14b, 14-15h, 18b, 18-19h, 29hd, 31b, 32-33h, 33b, 35hd, 37b, 38b ; Giovanni Ballat i 26c ; Alessandro Bartolozzi 6-7h (carte) ; Mirko Benedetti 13cd, 30b ; Simone Boni 26-27h ; Manuela Cappon 22-23c, 23cg, 24b, 26b, 32b ; Lorenzo Cecchi 16-17h, 24-25h, 37h ; Matteo Chesi 20b ; Pier Giorgio Citterio 10-11b, 27hd ;Adriano Ciuffetti 39bd (carte), 42-43 (carte) ; Tommaso Gomez 34-35b, 38-39c, 41cd ;Alessandro Menchi 27b, 28h, 40-41b ; Giovanni Meroi 12-13h ; Tiziano Perotto 29bd ;Andrea Ricciardi 8b, 21bd, 22g, 33hd ; Claudia Saraceni 21hd, 25hd ; Sergio 7hd, 16b, 19b, 23bc, 28-29b, 34h ; Giacomo Soriani 12b ; Francesco Spadoni 10-11h, 20-21h, 25b ; Studio Illibill, Florence 8-9h, 13b ; Studio Inklink, Florence 15b, 30-31h, 36-37c, 39hd ; Thomas Trojer 23h, 41h.

Cartouche « La société » : Andrea Ricciardi
Cartouche « Hors d'Europe » :Tommaso Gomez
Cartouche « L'économie » : Manuela Cappon
Icone « Une petite histoire » : Giacinto Gaudenzi

Couverture : Manuela Cappon c ; Sergio bg.
Frontispice : Andrea Ricciardi.

Photographies et documents

L'éditeur s'est efforcé de retrouver tous les ayants droit. Il présente ses excuses pour les erreurs ou les oublis éventuels et sera heureux d'apporter les corrections nécessaires dans les éditions ultérieures de cet ouvrage.

Agence photographique Luisa Ricciarini, Milan 40 ; Archives de l'Académie serbe des sciences et des arts, Belgrade/Photo Branislav Strugar 19 ; Archives DoGi, Florence 17 ; Archives IGDA, Milan/Gianni dagli Orti 15 ; Archives Scala, Florence 11 ; Bibliothèque communale de Lesi 31 ; Editrice EFI, Pérouse 9 ; Germanisches Nationalmuseum, Nuremberg 7 ; Musée Dobrée, Nantes 36.

Icones du texte : Germanisches Nationalmuseum, Nuremberg

Infographie

Sansai Zappini 6-7

Sommaire

Thèmes

La société

Hors d'Europe

La politique

L'économie

Les îles Britanniques
À mesure que s'effritait la puissance romaine, des peuplades nordiques et germaniques (Angles, Jutes et Saxons, principalement) débarquaient sur les côtes britanniques et créaient des noyaux de colonisation. Après la chute de l'Empire, ils refoulèrent les Scots et les Bretons (Celtes) au nord et à l'ouest, et établirent sept royaumes anglo-saxons.

Après la chute de l'Empire romain d'Occident (476), les barbares romanisés se partagèrent l'Europe occidentale : Vandales, Suèves et Wisigoths dans la péninsule ibérique, Burgondes et Francs en Gaule, Francs, Ostrogoths et Lombards en Italie.

Les grandes invasions

Du IVe au IXe siècle, l'Occident médiéval a vu déferler, par flots successifs, des envahisseurs venus d'Asie. Le mouvement débuta avec les Huns, nomades chassés de Mongolie par les Chinois. Établis en Hongrie, ils entamèrent vers 375 une avancée irrésistible vers l'ouest. Soumettant d'abord les Ostrogoths (installés entre la mer Noire, le Danube et l'actuelle Ukraine), ils repoussèrent devant eux les tribus germaniques vivant aux confins de l'Empire romain. La puissance des Huns s'effondra cependant après la mort de leur roi Attila (395-453). Les Germains allaient s'établir définitivement en Europe occidentale, se mélangeant aux populations locales et fondant parfois des royaumes puissants : en Gaule, ce fut le cas des Francs, dont le roi, Clovis, repoussa les Alamans au-delà du Rhin à la bataille de Tolbiac (vers 495).

L'Afrique du Nord
Chassés d'Espagne, les Vandales, seul peuple germanique à posséder une flotte, ont occupé les côtes d'Afrique du Nord.

AFIN DE NEUTRALISER LEURS TURBULENTS ET AGRESSIFS VOISINS GERMANIQUES, LES ROMAINS LEUR ONT D'ABORD OFFERT DES TERRES PRÈS DES LIMITES DE L'EMPIRE – À CHARGE POUR EUX DE LES DÉFENDRE CONTRE LES AUTRES ENVAHISSEURS. CE FUT LE NOYAU DES NOMBREUX ROYAUMES BARBARES QUI SE PARTAGÈRENT LES POSSESSIONS ROMAINES.

Les nomades des steppes
On regroupe sous ce nom des envahisseurs d'origine indo-iranienne, comme les Alains, et différentes tribus de cavaliers turco-mongols comme les Avars et les Huns.

L'art romano-barbare
À la fin du Ve siècle, les vastes provinces de l'ancien l'Empire romain d'Occident éclatèrent en une multitude de petits royaumes germaniques.
Mais les princes ou les chefs de guerre « barbares », qui les dirigeaient, étaient en fait déjà imprégnés de la civilisation romaine. Cependant, l'artisanat (surtout l'orfèvrerie et les émaux) gardait un caractère germanique. Ci-contre, une croix en or et pierres précieuses (VI-VIIe siècle), typique de l'art des Goths.

LA CHRÉTIENTÉ

La diffusion du christianisme – devenu religion officielle de l'Empire romain sous le règne de Constantin – sera l'un des faits majeurs des premiers siècles du Moyen Âge. La force de la communauté chrétienne réside dans son organisation hiérarchique, calquée sur celle des administrations politiques. Chaque grande unité territoriale, ou diocèse, est dirigée par un évêque, dont les pouvoirs augmenteront encore après la chute de l'Empire romain d'Occident – d'autant que les barbares ont pour la plupart déjà adopté le christianisme ou se convertiront facilement. En fait, le clergé (la hiérarchie religieuse) deviendra bien souvent la seule autorité politique stable et respectée : en 452, le pape Léon Ier joue ainsi le rôle d'ambassadeur et persuade Attila d'évacuer l'Italie.

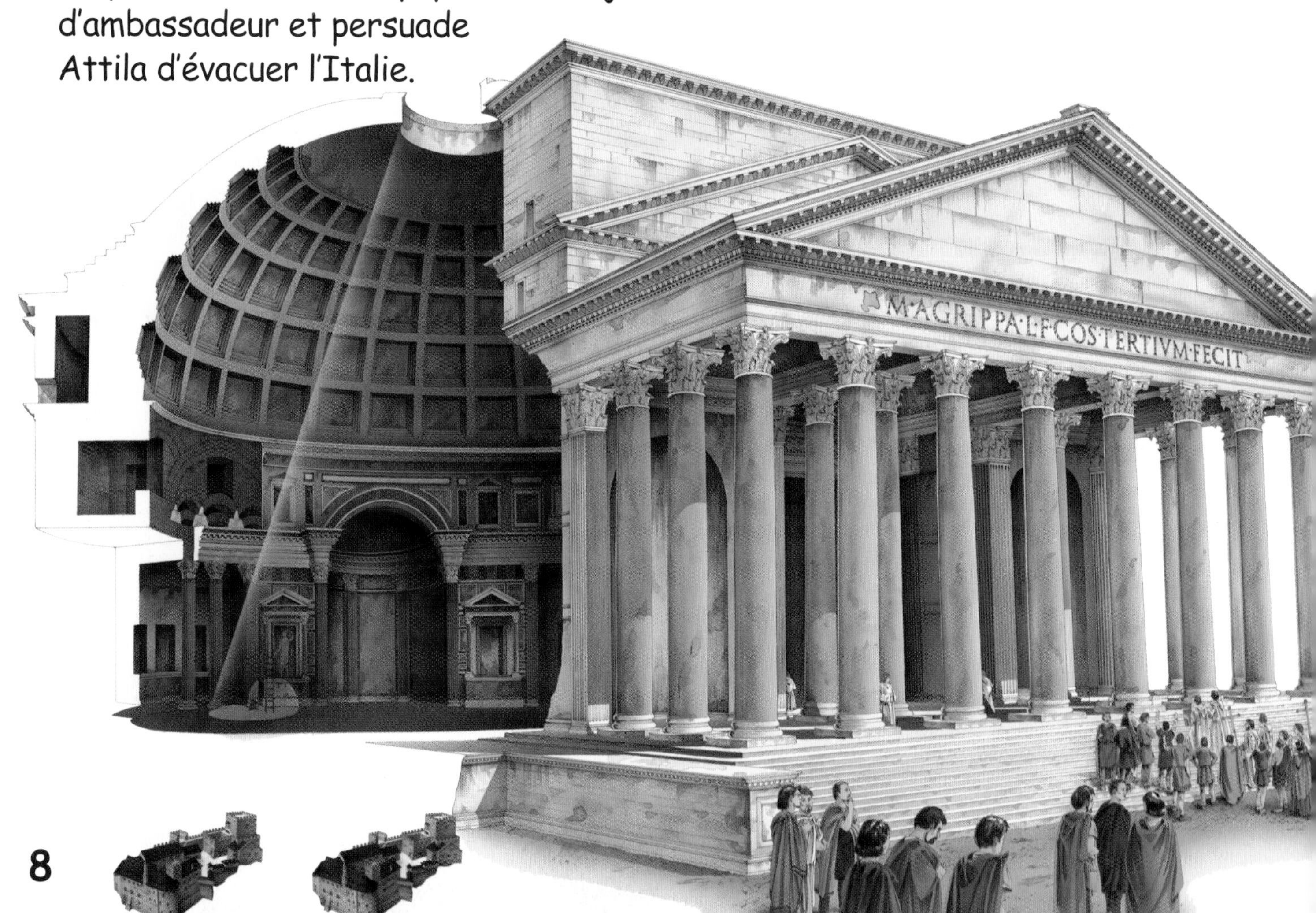

EN 590, POUR LA PREMIÈRE FOIS, UN MOINE ACCÈDE À LA PAPAUTÉ : C'EST GRÉGOIRE LE GRAND, QUI FAVORISE L'ESSOR DES ABBAYES BÉNÉDICTINES. DANS TOUTE L'EUROPE OCCIDENTALE, LA RÈGLE DE SAINT BENOÎT, QUI PRIVILÉGIE LE TRAVAIL MANUEL ET LA CHARITÉ, SE SUBSTITUE À CELLE DU MOINE IRLANDAIS SAINT COLOMBAN, DAVANTAGE AXÉE SUR LES PÉNITENCES, LE JEÛNE ET LA MÉDITATION.

Les monastères
C'est en 529 que Benoît de Nursie (futur saint Benoît) fonda dans le sud de l'Italie le monastère du Mont-Cassin, qu'il organisa selon la règle qui porte son nom. En défrichant les terres incultes et en apportant des améliorations aux techniques agricoles, les moines bénédictins ont grandement contribué à la mise en valeur des campagnes. Chaque monastère a ses champs, son verger, son potager, sa laiterie, son rucher, son moulin, son four à pain, etc., et constitue une unité autonome.

La transformation du Panthéon
En 609, le pape Boniface IV préside à la transformation du Panthéon – symbole du paganisme romain – en église chrétienne qu'il dédie au culte de tous les saints.

Saint Pierre

Saint Paul

Le pape
À l'origine, le nom de pape (« père ») était donné indistinctement à tous les évêques, et chaque diocèse disposait d'une assez grande autonomie. Toutefois, l'évêque de Rome, en tant qu'héritier de saint Pierre, jouissait d'un prestige particulier. C'est pourquoi, lorsque surgirent des querelles théologiques (notamment à propos de la nature humaine ou divine de Jésus), ses décisions firent autorité dès le ve siècle. Le pape de Rome devint ainsi le guide spirituel de toute la chrétienté.

L'Empire byzantin

On désigne sous le nom d'Empire byzantin la partie orientale de l'Empire romain – la seule qui ait échappé à la mainmise des barbares. À la différence de l'Italie et des possessions d'Europe de l'Ouest, ces provinces étaient restées prospères. Leur situation géographique privilégiée et la stabilité de leur monnaie d'or en avaient fait la plaque tournante du commerce entre l'Orient et l'Occident. À l'exception de l'agriculture, fondée sur la petite propriété, les principales activités économiques étaient placées sous le contrôle d'un État très centralisé, représenté par un important appareil bureaucratique. Grâce à sa richesse, qui lui permettait à fois de négocier des traités et d'entretenir une puissante armée, cet Empire romain d'Orient réussit à détourner vers l'ouest les hordes de Huns et les autres envahisseurs d'Asie centrale. Il ne succombera qu'au XVe siècle sous les attaques des Turcs.

Constantinople
Rebâtie en 330 par l'empereur Constantin Ier le Grand sur le site de l'antique Byzance, le long du Bosphore, Constantinople était surnommée la « nouvelle Rome ». Cette cité florissante comptait 400 000 habitants au VIe siècle.

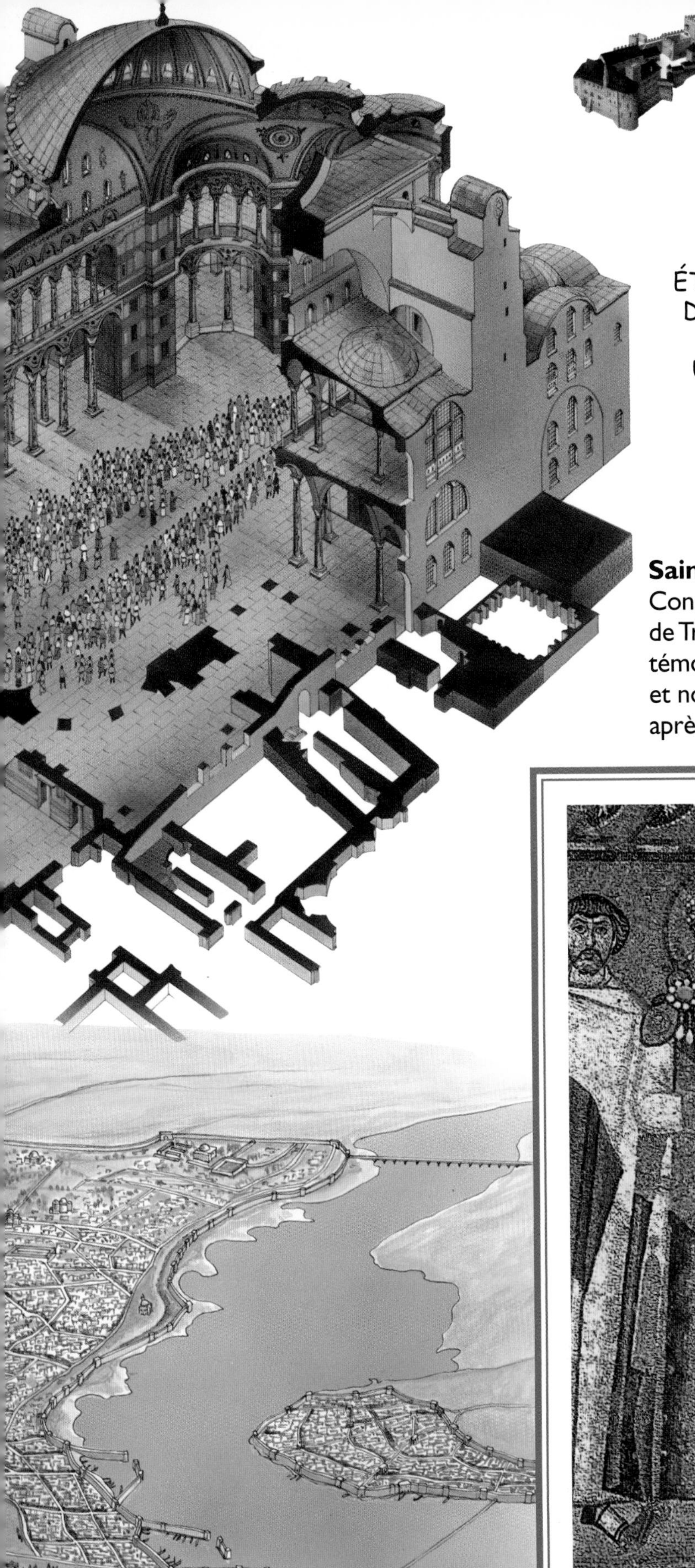

ROMAIN PAR L'ORGANISATION POLITIQUE, GREC PAR LA CULTURE ET LA LANGUE, L'EMPIRE BYZANTIN ÉTAIT CHRÉTIEN PAR LA RELIGION. MAIS DES QUERELLES À LA FOIS POLITIQUES ET THÉOLOGIQUES ENTRAÎNÈRENT UNE RUPTURE AVEC L'ÉGLISE ROMAINE AU XIe SIÈCLE. C'EST CETTE RUPTURE, APPELÉE SCHISME, QUI DONNA NAISSANCE À L'ÉGLISE ORTHODOXE.

Sainte-Sophie de Constantinople
Construite entre 532 et 537 par Anthémios de Tralles et Isidore de Milet, cette imposante basilique témoignait de conceptions architecturales audacieuses et novatrices. Sa coupole centrale s'effondra en 558 après un tremblement de terre, mais elle fut reconstruite.

JUSTINIEN IER
Le long règne de Justinien (527-565) représente l'apogée de l'Empire byzantin et la dernière tentative pour réunifier l'ancien Empire romain. Aidé par ses généraux Bélisaire et Narsès, les plus grands stratèges de leur temps, il reconquiert l'Afrique du Nord, la Sicile, le sud de l'Espagne et les principales villes italiennes. Administrateur et légiste remarquable, Justinien a rédigé le Corpus iuris civilis, forme sous laquelle nous est parvenu le droit romain encore largement en usage.

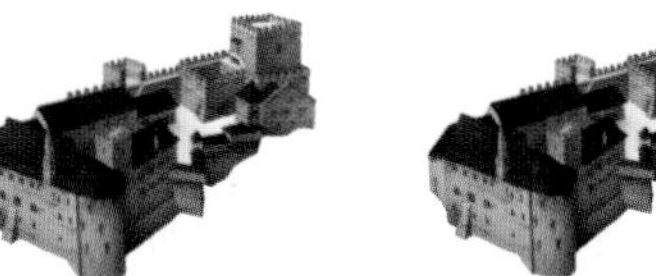

LE MONDE ISLAMIQUE

Jusqu'à la fin du VIe siècle, les Arabes, c'est-à-dire les habitants de la péninsule Arabique, étaient essentiellement des marchands et des pasteurs nomades. Mais les prédications d'un caravanier du nom de Mahomet vont transformer le destin de ces tribus du désert. Né à La Mecque en 570, Mahomet fut d'abord persécuté et dut s'exiler. L'an 630 marqua son retour triomphal dans sa ville natale, où il fut reconnu comme le prophète d'une nouvelle religion, l'islam, qui enseignait la croyance en un dieu unique. Cette nouvelle foi fut le fondement de l'expansion musulmane : sous la conduite de leurs califes, les Arabes ont conquis le Moyen-Orient, l'Afrique du Nord et la péninsule Ibérique, arrachant d'immenses territoires à l'Empire byzantin.

La science arabe
Héritiers des Grecs, des Persans et des Indiens, les Arabes brillèrent en astronomie, en chimie, en mathématiques, en médecine et en zoologie – et, d'une manière générale, dans toutes les sciences exigeant des capacités d'observation.

Le cadran solaire
Déjà en usage dans la Grèce antique, cette horloge solaire fut perfectionnée par les Arabes.

L'astrolabe
Cet instrument servant à relever la hauteur d'un astre par rapport à l'horizon fut amélioré par les Arabes d'Espagne.

Les almanachs
Ces livres indiquaient les équivalences entre les dates de l'ère musulmane et celles de l'ère chrétienne.

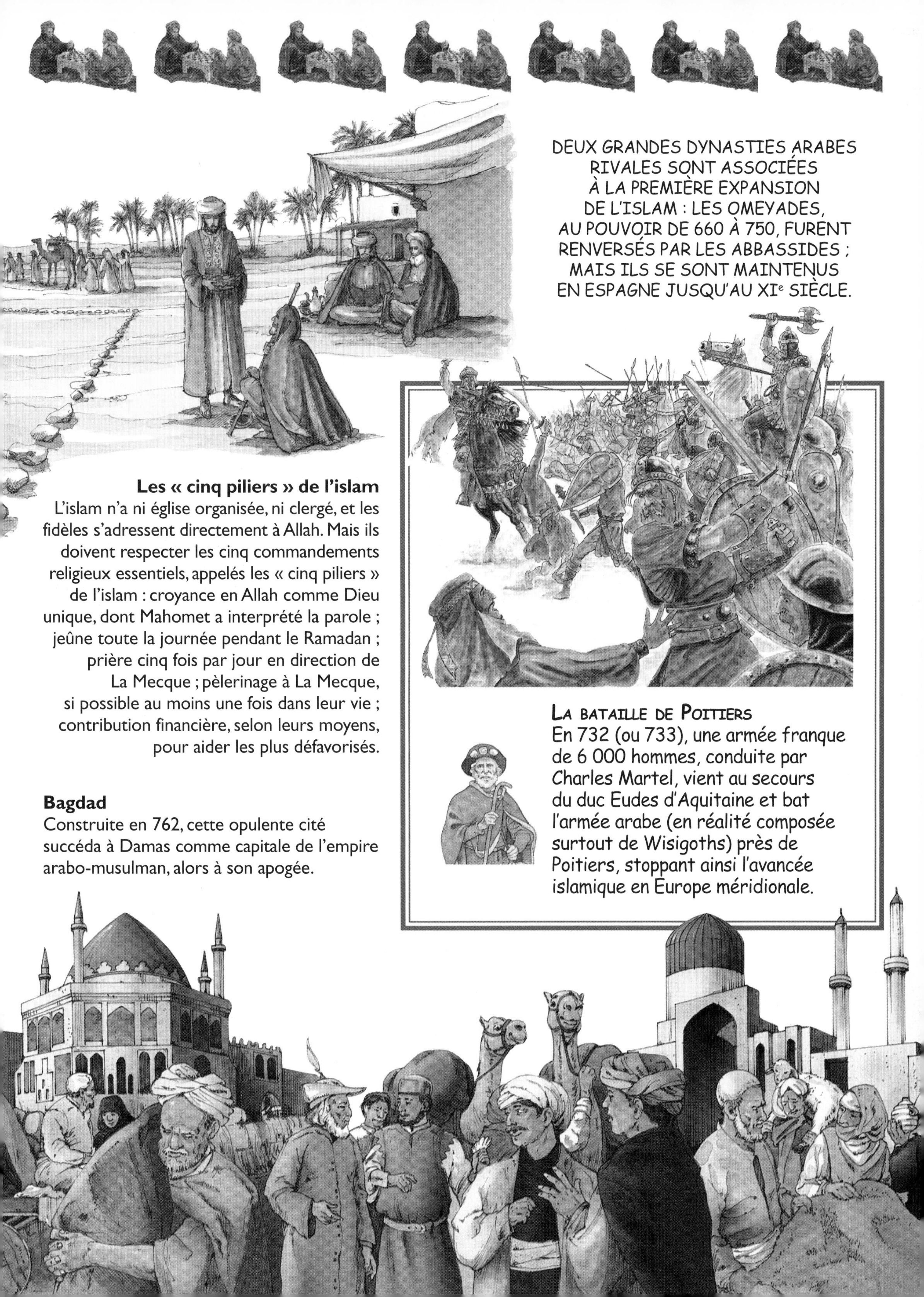

DEUX GRANDES DYNASTIES ARABES RIVALES SONT ASSOCIÉES À LA PREMIÈRE EXPANSION DE L'ISLAM : LES OMEYADES, AU POUVOIR DE 660 À 750, FURENT RENVERSÉS PAR LES ABBASSIDES ; MAIS ILS SE SONT MAINTENUS EN ESPAGNE JUSQU'AU XIe SIÈCLE.

Les « cinq piliers » de l'islam

L'islam n'a ni église organisée, ni clergé, et les fidèles s'adressent directement à Allah. Mais ils doivent respecter les cinq commandements religieux essentiels, appelés les « cinq piliers » de l'islam : croyance en Allah comme Dieu unique, dont Mahomet a interprété la parole ; jeûne toute la journée pendant le Ramadan ; prière cinq fois par jour en direction de La Mecque ; pèlerinage à La Mecque, si possible au moins une fois dans leur vie ; contribution financière, selon leurs moyens, pour aider les plus défavorisés.

Bagdad

Construite en 762, cette opulente cité succéda à Damas comme capitale de l'empire arabo-musulman, alors à son apogée.

La bataille de Poitiers

En 732 (ou 733), une armée franque de 6 000 hommes, conduite par Charles Martel, vient au secours du duc Eudes d'Aquitaine et bat l'armée arabe (en réalité composée surtout de Wisigoths) près de Poitiers, stoppant ainsi l'avancée islamique en Europe méridionale.

L'Europe carolingienne

De tous les envahisseurs germaniques, les Francs sont ceux qui connurent le succès le plus durable ; ce sont aussi les seuls qui aient laissé leur nom à un pays : la France. Ils étaient déjà, il est vrai, fortement romanisés, ce qui facilita leur assimilation rapide. Entre 486 et 507, Clovis se rendit maître des trois quarts de la Gaule. Ses descendants étendirent encore ses conquêtes. Mais il appartiendra à Charlemagne (768-814), petit-fils de Charles Martel et fondateur de la dynastie franque des Carolingiens, de ressusciter un Empire d'Occident comprenant la Gaule, une partie de l'Italie et la totalité de l'Allemagne. En se faisant couronner empereur par le pape Léon III dans la nuit de Noël 800, il créait la légitimité monarchique.

SI L'UNITÉ IMPÉRIALE RÉALISÉE PAR CHARLEMAGNE N'EUT QU'UNE EXISTENCE ÉPHÉMÈRE, C'EST QUE LES FRANCS, CONTRAIREMENT AUX ROMAINS, AVAIENT UNE CONCEPTION ESSENTIELLEMENT PATRIMONIALE DE L'EMPIRE. ILS CONSIDÉRAIENT LEURS TERRITOIRES COMME DES PROPRIÉTÉS PERSONNELLES, À PARTAGER ENTRE LEURS HÉRITIERS.

Le pape et les Francs
La conversion de Clovis au christianisme marqua le début de l'alliance de la monarchie avec l'Église catholique – alliance qui fut pour beaucoup dans la suprématie des rois francs en Europe occidentale.

Le Saint Empire romain

À la fin du VIIIe siècle, le pape et les rois francs se retrouvaient alliés contre l'empire byzantin. Le nouvel empire carolingien était « saint », du fait de la dimension religieuse apportée par le sacre, et « romain » par ses structures administratives et ses ambitions politiques.

La renaissance carolingienne

Alors que les premiers rois francs avaient fort peu laissé de traces écrites, l'un des premiers soins de Charlemagne (ci-dessus, reliquaire représentant l'empereur) fut de fonder la prestigieuse bibliothèque Palatine dans son palais d'Aix-la-Chapelle, qui rassemblait les plus précieux manuscrits.

Le couronnement d'Othon Ier

Tandis que l'héritage français de Charlemagne était émietté entre des pouvoirs féodaux, l'Allemagne et le nord de l'Italie, quoique partagés entre de nombreux souverains, restaient unis sous la couronne du Saint Empire romain germanique : en 962, Othon Ier se fait ainsi sacrer empereur par le pape Jean XII.

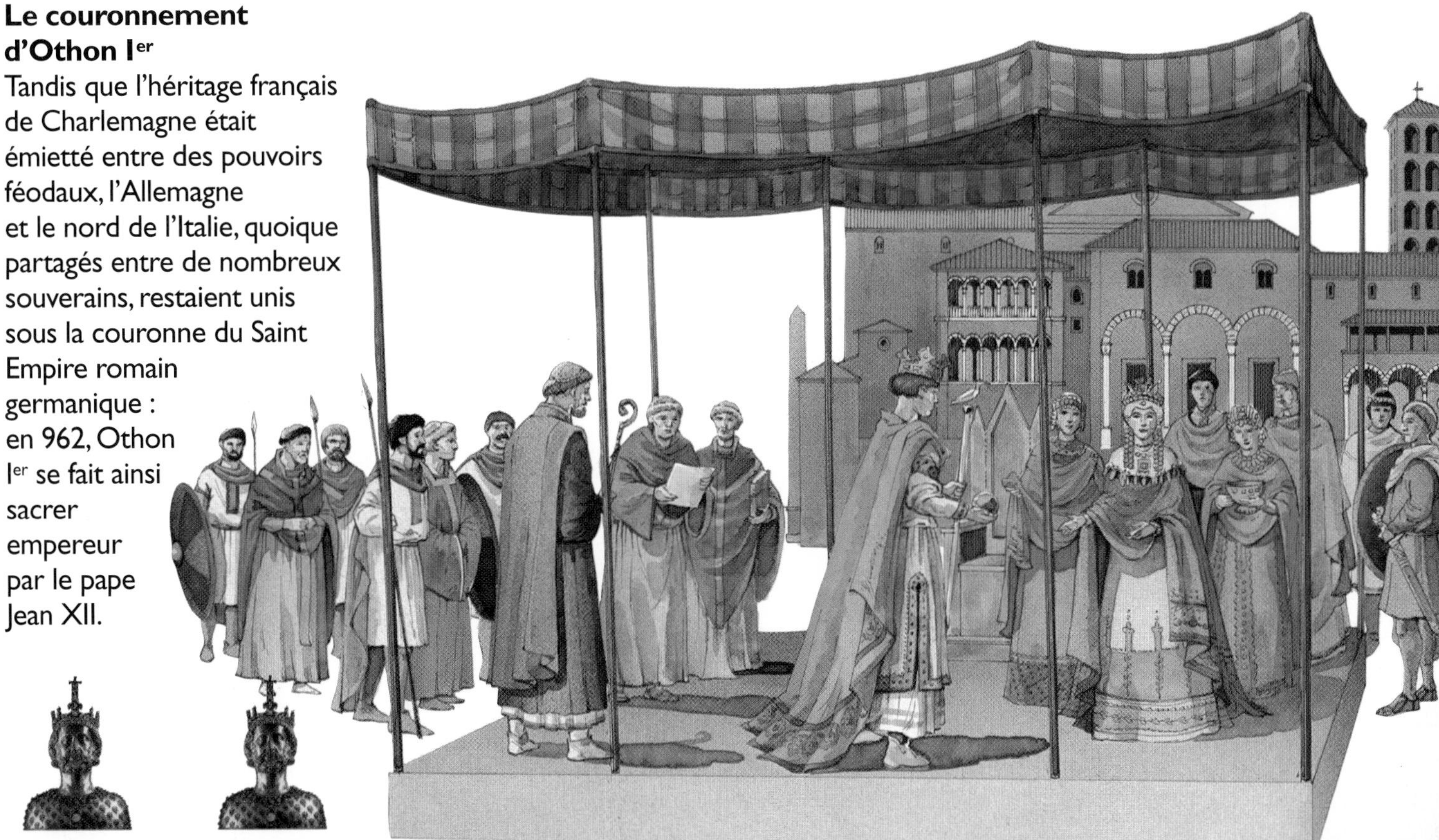

Les dernières invasions

Aux IXᵉ et Xᵉ siècles, l'Europe connut une dernière série d'invasions : les Vikings, ou Normands (c'est-à-dire « hommes du Nord »), arrivaient de Scandinavie par mer, tout comme les Sarrasins (musulmans), qui traversaient la Méditerranée ; tandis que les Hongrois venaient de l'est par voie terrestre. Il ne s'agissait plus cette fois de peuples en migration cherchant de nouvelles terres où s'établir, mais de pirates et de pillards en quête de butin. Leurs raids et leurs incursions vont contribuer à modifier le paysage européen : les monastères et les cités s'entourent de remparts, les villages méditerranéens se perchent sur les hauteurs et les campagnes se hérissent de châteaux forts. Se chargeant d'assurer la défense des villages et des fermes qui se trouvent sur leurs terres, les seigneurs locaux exigent en contrepartie services et redevances : ainsi s'établit l'ordre féodal.

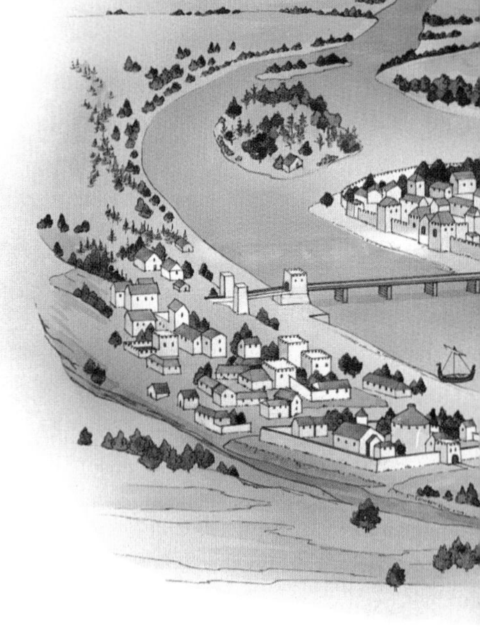

Les Sarrasins
Ces bandes de pirates venaient de Syrie et d'Afrique du Nord. On leur donna plus tard le nom de barbaresques.

Les raids des Vikings

Les Vikings qui ravageaient les côtes, pillant de nombreux monastères, venaient surtout du Danemark. Leurs bateaux longs et étroits, très maniables, leur permettaient de remonter les fleuves. C'est à tort qu'on les a appelés drakkars, car dans les langues nordiques ce nom ne désignait que leur proue sculptée. En 911, pour en finir avec cette perpétuelle menace, le roi de France Charles le Simple leur abandonna la Normandie, dont le chef viking Rollon devint le duc.

CONTRAIREMENT À CE QUI SE PASSE EN FRANCE, OÙ LES HABITANTS SE PLACENT SOUS LA PROTECTION DU SEIGNEUR, L'EMPIRE ALLEMAND DISPOSE À CETTE ÉPOQUE D'UNE ARMÉE NATIONALE POUR ASSURER LA SÉCURITÉ : C'EST AINSI QUE L'EMPEREUR OTHON Ier INFLIGE UNE SÉVÈRE DÉFAITE AUX HONGROIS EN 955.

Les Hongrois

Établis en Pannonie (actuelle Hongrie), les Hongrois, originaires d'Asie centrale comme les Huns, étaient d'habiles cavaliers. Ils ferraient leurs chevaux et utilisaient des étriers. Après avoir été battus par les Saxons, ces nomades ont renoncé à leurs razzias et sont devenus des agriculteurs sédentaires. Ci-contre, objets retrouvés dans des tombes hongroises : en haut, une monnaie byzantine ; en bas, une broche en or.

Les Slaves

Tout comme les invasions germaniques en Europe occidentale, les mouvements des peuples slaves allaient jouer un rôle essentiel dans le peuplement de l'Europe au cours du haut Moyen Âge. L'histoire des Slaves, dont on ne fait pas mention avant le Ve siècle, est mal connue. Ces peuples de langue indo-européenne étaient probablement établis dans une région isolée qui s'étendait entre la Vistule et le Dniepr. Au VIe siècle, une vague d'invasion venue d'Asie aurait emporté les Slaves occidentaux (Polonais, Tchèques et Slovaques), les mettant en contact avec le monde germanique. Les Slaves orientaux (Russes, Ukrainiens et Biélorusses) se sont au contraire rapprochés de l'Empire byzantin, de même que les Serbes, les Croates et les Slovènes. Ils furent sans doute les derniers peuples européens à être christianisés.

La christianisation des Slaves
Recherchant l'alliance avec l'Empire byzantin, le prince de Kiev, Vladimir (956-1015), se convertit au christianisme après avoir fait jeter dans le Dniepr la statue du dieu païen Perun.

Les Vikings en Russie
Au IXe et au Xe siècle, tandis que les Vikings danois écumaient les côtes d'Europe occidentale, les Vikings suédois se lançaient vers l'est et soumettaient des populations slaves. Ils créèrent ainsi autour de Kiev une vaste principauté à laquelle ils donnèrent le nom de Rus. Tel fut le premier noyau de ce qui allait devenir l'Empire de Russie.

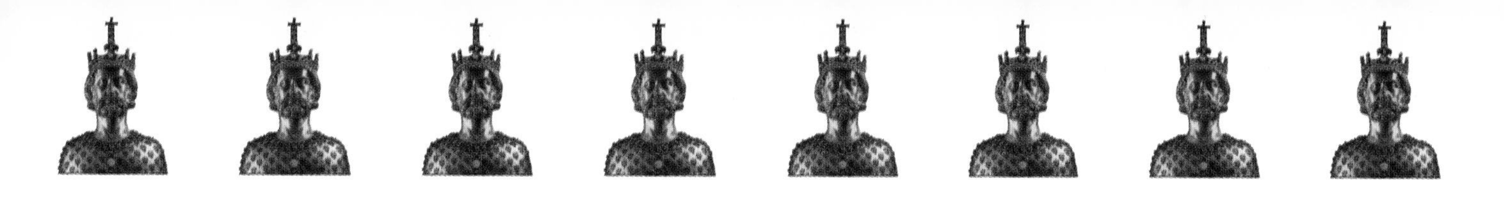

Les Slaves occidentaux
Faute de cohésion entre leurs tribus, les Slaves n'ont pu s'organiser en État avant le IXe siècle. Les premiers furent les Croates, dont la principauté brilla d'un vif éclat au Xe siècle. À la même époque apparut la Grande Moravie, où deux moines byzantins, saint Cyrille et saint Méthode, traduisirent les textes liturgiques en vieux slavon, à l'origine de l'alphabet cyrillique actuel.

L'Église byzantine
En 1054, l'Église byzantine grecque rompt avec la papauté en raison de divergences théologiques, mais aussi parce qu'elle refuse de reconnaître l'autorité spirituelle de Rome.

L'INTÉGRATION DES SLAVES À L'EUROPE S'EST FAITE PAR LEUR CONVERSION AU CHRISTIANISME. APRÈS LE SCHISME ENTRE ROME ET BYZANCE, LES BULGARES, LES SERBES ET LES RUSSES SONT RESTÉS AU SEIN DE L'ÉGLISE GRECQUE ORTHODOXE, TANDIS QUE LES POLONAIS, LES TCHÈQUES ET LES CROATES ONT CHOISI LE CATHOLICISME.

L'ordre féodal

Les grandes invasions avaient laissé l'Europe affaiblie politiquement, plus ou moins ruinée et en partie dépeuplée. Au IXe et au Xe siècle, le centre de la vie économique est passé de la ville aux zones rurales, où l'on pratique une agriculture de subsistance en circuit fermé. La nécessité de se protéger contre les incursions des Vikings, des pirates ou des bandes de pillards qui écument les campagnes a développé des relations d'interdépendance très hiérarchisées : c'est le système féodal, fondé sur des valeurs de fidélité. Le suzerain cède des terres à ses vassaux, mais en contrepartie ils doivent l'accompagner dans ses expéditions militaires et former son armée personnelle. Quant aux paysans, en échange d'une bonne partie de leurs récoltes, ils auront le droit de se réfugier à l'intérieur du château fort en cas d'alerte et de faire paître leur bétail sur le pré communal. Les esclaves, encore très nombreux à l'époque franque, ont laissé place aux serfs, dont le sort n'est guère plus enviable, puisqu'ils sont « attachés » à la terre qu'ils travaillent et privés du droit de se déplacer.

La noblesse
Les propriétaires de terres étaient les seuls à avoir le droit de porter des armes et de monter à cheval. Pour préserver leur bien, ils transmettaient leur domaine par héritage à leur fils aîné, les autres devenant chevaliers au service d'un autre seigneur.

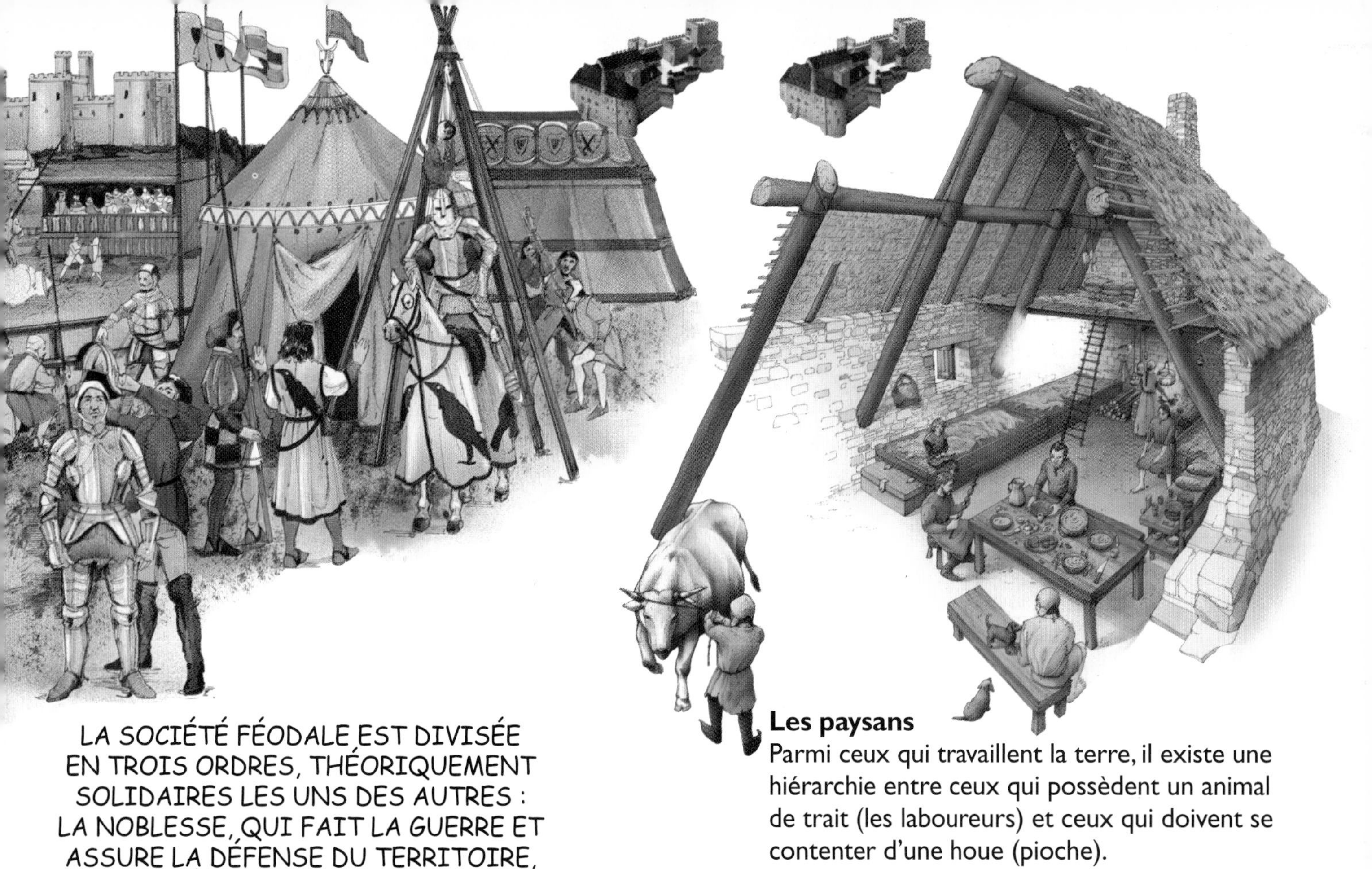

Les paysans
Parmi ceux qui travaillent la terre, il existe une hiérarchie entre ceux qui possèdent un animal de trait (les laboureurs) et ceux qui doivent se contenter d'une houe (pioche).

LA SOCIÉTÉ FÉODALE EST DIVISÉE EN TROIS ORDRES, THÉORIQUEMENT SOLIDAIRES LES UNS DES AUTRES : LA NOBLESSE, QUI FAIT LA GUERRE ET ASSURE LA DÉFENSE DU TERRITOIRE, LE CLERGÉ, QUI A CHARGE DE LA VIE SPIRITUELLE ET DU SALUT DES ÂMES, ET LES PAYSANS, QUI PRODUISENT LES BIENS DE SUBSISTANCE.

Le clergé
On distingue le clergé séculier – c'est-à-dire les prêtres, chanoines et autres membres de la hiérarchie placés sous l'autorité des évêques – et le clergé régulier, c'est-à-dire les communautés monastiques : bénédictins, franciscains, dominicains, etc.

LE CHÂTEAU FORT

D'abord simple enceinte fortifiée bâtie autour d'une tour (le donjon), le château fort devient le centre de la vie locale entre le XIe et le XIVe siècle. Véritable petite ville, il regroupe, outre les appartements seigneuriaux, les logements des hommes d'armes qui assurent sa défense, des écuries, des magasins, etc.

LA RÉVOLUTION AGRICOLE

La fin du IXe siècle avait été assombrie par les épidémies, les pillages, les guerres et les famines, tandis que l'approche de l'an mille, annoncé par beaucoup comme la fin du monde, avait alimenté des paniques et des déchaînements d'hystérie collective. Mais l'an mille était passé sans catastrophe et la confiance renaissait. Grâce aux nouvelles techniques agricoles, l'accroissement régulier de la population rurale n'entraîna pas de diminution des ressources. Les monastères, qui avaient été les premiers à perfectionner leurs méthodes et à obtenir de meilleurs rendements, contribuèrent aussi à améliorer la qualité de la vie en développant la culture des plantes médicinales, une science que les moines tenaient des lettrés arabes.

Le défrichement
Le déboisement intensif, souvent commencé par les moines, fournit de nouvelles terres cultivables, en même temps que du bois de construction pour de nouvelles habitations.

Le collier d'épaule à attelles
Contrairement au collier de gorge en usage dans l'Antiquité, qui avait tendance à étrangler le cheval, le collier d'épaule à attelles (brides pour passer les brancards) permet à l'animal de trait de donner toute sa puissance.

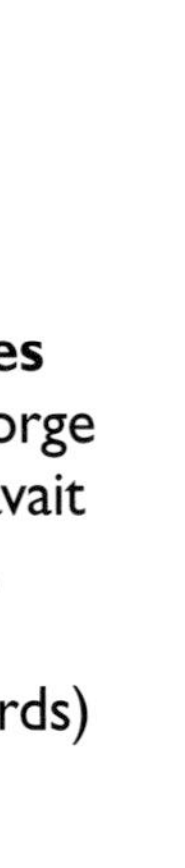

La charrue remplace l'araire
La charrue entame le sol plus profondément, à la fois dans le sens vertical et dans le sens horizontal, ce qui permet, grâce au versoir, de retourner la motte de terre ainsi découpée.

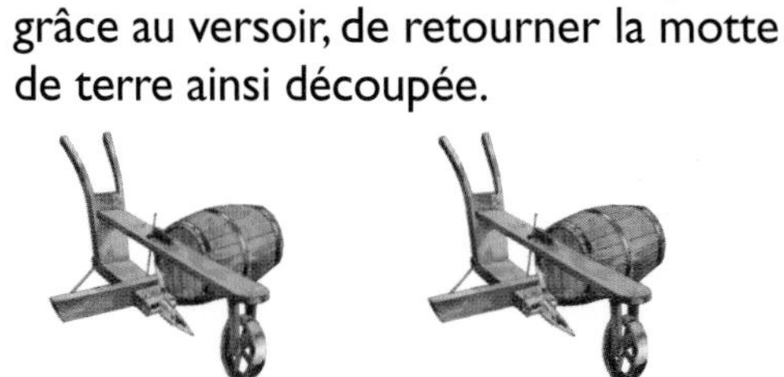

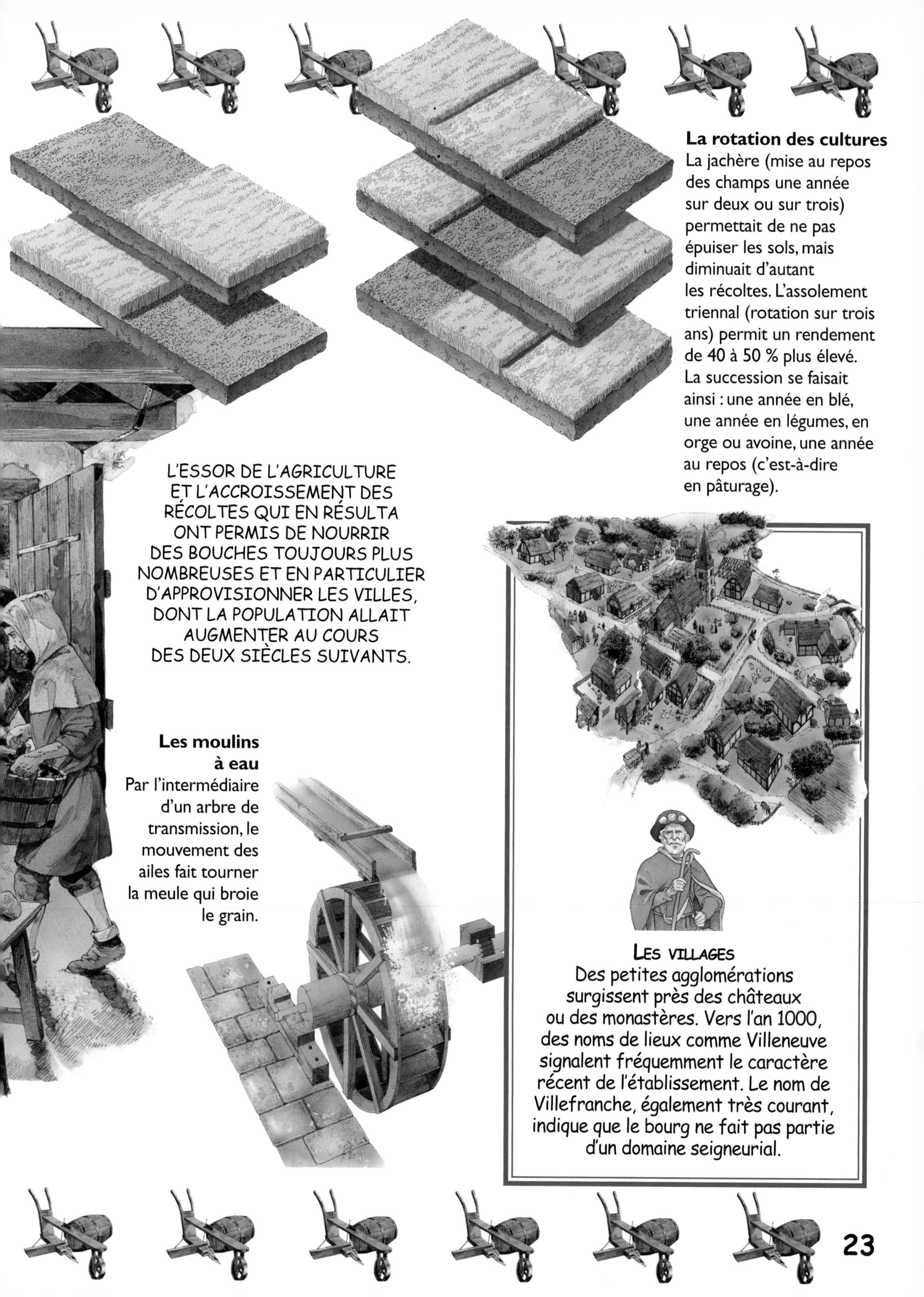

La rotation des cultures
La jachère (mise au repos des champs une année sur deux ou sur trois) permettait de ne pas épuiser les sols, mais diminuait d'autant les récoltes. L'assolement triennal (rotation sur trois ans) permit un rendement de 40 à 50 % plus élevé. La succession se faisait ainsi : une année en blé, une année en légumes, en orge ou avoine, une année au repos (c'est-à-dire en pâturage).

L'ESSOR DE L'AGRICULTURE ET L'ACCROISSEMENT DES RÉCOLTES QUI EN RÉSULTA ONT PERMIS DE NOURRIR DES BOUCHES TOUJOURS PLUS NOMBREUSES ET EN PARTICULIER D'APPROVISIONNER LES VILLES, DONT LA POPULATION ALLAIT AUGMENTER AU COURS DES DEUX SIÈCLES SUIVANTS.

Les moulins à eau
Par l'intermédiaire d'un arbre de transmission, le mouvement des ailes fait tourner la meule qui broie le grain.

LES VILLAGES
Des petites agglomérations surgissent près des châteaux ou des monastères. Vers l'an 1000, des noms de lieux comme Villeneuve signalent fréquemment le caractère récent de l'établissement. Le nom de Villefranche, également très courant, indique que le bourg ne fait pas partie d'un domaine seigneurial.

La renaissance des villes

Au cours des trois siècles qui ont suivi l'an mille, la population d'Europe occidentale est passée de 30 à 74 millions d'habitants. Même si les villes ne représentent encore que 15 à 20 % de l'ensemble de la population totale, leur essor est le phénomène le plus marquant de cette période qui précède la guerre de Cent Ans. C'est en Italie du Nord et en Flandres, centres européens du commerce, des activités financières et de l'industrie naissante, que cette renaissance urbaine se manifeste en premier lieu. Des villes nouvelles se développent également autour des lieux de pèlerinage, des résidences royales ou princières et des grands monastères.

La cathédrale de Durham est l'une des plus célèbres de toute l'Angleterre. Bâtie entre 1083 et 1183, elle offre des exemples précoces d'arcs d'ogives associés à un style typiquement roman.

Les tours des villes italiennes
C'est dans les villes d'Italie que les clochers, ou campaniles, d'abord séparés des églises, ont fait pour la première fois leur apparition. À l'imitation de ces édifices, les familles les plus riches de la cité ont érigé des tours – le plus haut possible –, comme si leur élévation était le symbole de leur puissance. Il n'existe rien de semblable en France.

LES CORPORATIONS
Reconnaissables à leurs enseignes, ces associations réunissaient des artisans exerçant le même métier. Les corporations se montraient très efficaces pour faire respecter les droits de chaque profession. Elles s'occupaient aussi de former les apprentis et préservaient jalousement leurs secrets de fabrication.

À MESURE QUE LES VILLES SE DÉVELOPPENT, UNE NOUVELLE CLASSE SOCIALE PREND DE PLUS EN PLUS D'IMPORTANCE : LES BOURGEOIS, ARTISANS ET COMMERÇANTS AISÉS QUI N'APPARTIENNENT PAS AU MONDE FÉODAL ET QUI DÉFENDENT AVEC ACHARNEMENT LEURS DROITS ET LEURS LIBERTÉS. ILS LUTTERONT AUSSI POUR CONQUÉRIR UNE PART DU POUVOIR POLITIQUE.

Les draps des Flandres
L'industrie drapière, qui s'est développée au XIIe siècle en Flandres, garda longtemps un caractère artisanal. Après la tonte des moutons (1), la laine est cardée au peigne pour démêler les fibres (2). Les fibres sont étirées et enroulées sur un fuseau de manière à obtenir un fil fin et régulier (3). Le tissage se fait sur un métier à cadre horizontal (4) ; après quoi le drap est foulé dans un baquet d'eau (5), puis rasé avec de grands ciseaux pour lui conférer un aspect velouté (6).

L'ESSOR DU COMMERCE

Dès le XIe siècle, la fièvre du commerce s'empare de l'Europe médiévale. Les marchands rapportent d'Orient des soieries et des épices vendues à prix d'or. L'Europe du Nord propose ses étoffes de laine, de l'ambre et des fourrures ; l'Allemagne fournit du cuivre, des chevaux et des peausseries. Les grandes routes commerciales entre Nord et Sud se croisent en Champagne, dont les foires sont alors les plus réputées – notamment celles de Troyes et de Provins. Les cités italiennes, comme Gênes ou Amalfi, offrent des services de transport et de banque. Elles frappent régulièrement des monnaies nouvelles, ce qui leur assure de constants bénéfices lors des opérations de change, et inventent un service nouveau : le crédit. Mais la monnaie qui a alors valeur quasi universelle, c'est le ducat de Venise, réputé pour sa stabilité.

L'Arsenal de Venise
Constituée de galères et de caraques, la flotte marchande de la République de Venise, alors premier port de commerce du monde, assure les échanges avec le monde arabe et l'Empire byzantin.

Les marchands
Au Moyen Âge, les marchands ne se contentaient pas de tenir boutique. Ils effectuaient de longs et périlleux voyages pour se procurer denrées rares et produits de luxe, tels qu'épices, soieries, parfums, ambre, ivoire et pierres précieuses. C'est pour faciliter leurs transactions qu'ont été créés les premiers établissements bancaires et les lettres de change.

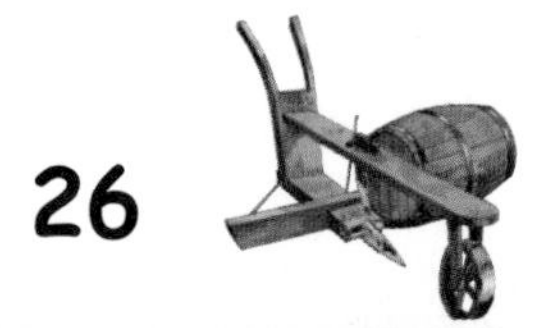

Les foires de Champagne
Les comtes de Champagne se sont efforcés d'attirer le maximum de marchands étrangers en leur garantissant des poids et des mesures rigoureusement contrôlés et des taxes très modérées. Innovation plus audacieuse : ils leur proposaient aussi une sorte d'assurance contre le vol et les accidents, valable pour toute la durée de leur séjour.

À CÔTÉ DES FAMILLES DE LA NOBLESSE FÉODALE, ON VOIT APPARAÎTRE DE NOUVELLES DYNASTIES DE MARCHANDS ET DE FINANCIERS QUI ACCÈDENT PEU À PEU AU POUVOIR GRÂCE À LEUR FORTUNE. PRÊTANT DE L'ARGENT AUX PRINCES, S'ATTIRANT LA BIENVEILLANCE DE L'ÉGLISE PAR DES DONS GÉNÉREUX, ILS JOUENT DÉSORMAIS UN RÔLE MARQUANT DANS LA VIE DE LA CITÉ.

LES VOIES DE COMMUNICATION
Faute d'entretien, l'immense réseau des voies romaines était trop endommagé pour être encore efficace, sauf sur de rares portions (en fait, les dalles avaient souvent été employées comme pierre à bâtir). Au Moyen Âge, les trajets de ville à ville se font le plus souvent par voie fluviale ; mais on commence aussi à tracer de nouvelles routes et on bâtit de nombreux ponts en pierre, capables de supporter de lourdes charges.

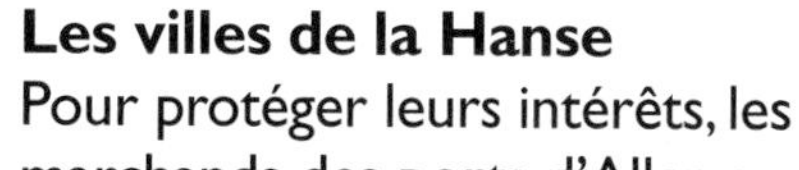

Les villes de la Hanse
Pour protéger leurs intérêts, les marchands des ports d'Allemagne du Nord se sont regroupés au sein de la Ligue hanséatique. Ce qui n'était d'abord qu'une simple association devint vite une puissante société commerciale, ouvrant des comptoirs de Londres jusqu'au cœur de la Russie.

SUR LE PARVIS DES CATHÉDRALES, LES FIDÈLES PEUVENT ASSISTER À DES « MIRACLES », COURTES ÉVOCATIONS THÉÂTRALES DE LA VIE DES SAINTS, COMMENTÉS PAR UN ECCLÉSIASTIQUE, OU À DES « MYSTÈRES », VÉRITABLES PIÈCES RETRAÇANT LA PASSION DU CHRIST ET METTANT EN ŒUVRE DES MACHINERIES ET DES EFFETS SPÉCIAUX.

LA VIE CULTURELLE ET RELIGIEUSE

L'essor économique et démographique de l'Europe médiévale après l'an mille s'accompagne d'un extraordinaire renouveau culturel et artistique. De la Catalogne à l'Allemagne, de l'Italie à la Bretagne, l'Europe se couvre d'églises romanes, qui sont autant de livres d'images de la chrétienté grâce à la riche imagination des sculpteurs : ils couvrent chapiteaux, porches et tympans d'évocations saisissantes des béatitudes du paradis et des supplices de l'enfer. Si le décor intérieur des cathédrales gothiques est beaucoup plus sobre, leurs nefs majestueuses, qui rivalisent de hauteur (le record étant détenu par celle de Beauvais avec 47 m), se transforment en vaisseaux de lumière par la magie des vitraux.

Les universités et les écoles
L'enseignement est alors entièrement sous la coupe de l'Église qui ouvre des écoles pour ceux qui veulent s'instruire : le but est souvent de susciter des vocations religieuses.

L'Inquisition
Ce tribunal ecclésiastique, dont le nom seul faisait trembler, juge et condamne ceux qui sont accusés d'hérésie, c'est-à-dire de croyances non conformes à l'enseignement de l'Église, ou bien de sorcellerie, autrement dit de relations avec le diable.

Les ordres mendiants
Franciscains, dominicains, ainsi que d'autres ordres dits « mendiants », ont renoncé à tous les biens terrestres et vont de ville en ville pour prêcher la foi, vivant de la charité des fidèles.

Cathédrales gothiques
Né en France au XIIe siècle, l'art gothique est une révolution architecturale, en même temps qu'une proclamation de foi : l'élan vertical des voûtes d'ogives et la lumière colorée qui tombe des vitraux symbolisent la ferveur religieuse du Moyen Âge.

EMPEREUR CONTRE PAPE

À Constantinople, les rapports entre le pouvoir et l'Église avaient été clairement définis : l'empereur, chef de l'Église et chef de l'État, détenait à la fois le pouvoir temporel et le pouvoir spirituel. En Occident, Charlemagne puis Othon Ier avaient obtenu le droit de nommer eux-mêmes les évêques ; mais le pape Grégoire VII, élu en 1073, refusa de concéder aux empereurs le moindre droit de regard sur les affaires de l'Église. Ce fut le début d'interminables querelles pour déterminer qui, du pape ou du souverain, aurait le privilège exclusif de nommer les évêques. Ce conflit fut plus aigu dans les « pays d'empire » morcelés en principautés, comme l'Allemagne et l'Italie, que dans les monarchies comme la France et l'Angleterre.

APRÈS LA DISPARITION DE FRÉDÉRIC BARBEROUSSE, UNE LÉGENDE RESTA LONGTEMPS VIVACE EN ALLEMAGNE : L'EMPEREUR N'ÉTAIT PAS MORT MAIS SIMPLEMENT ENDORMI AU CŒUR D'UNE MONTAGNE, ATTENDANT L'HEURE OÙ SES SUJETS AURAIENT BESOIN DE LUI.

Frédéric Ier Barberousse (1122-1190)
Cet empereur germanique qui mourut noyé lors de la troisième croisade eut de violents démêlés avec le pape Alexandre III, contre lequel il dressa un éphémère « antipape ». Frédéric Ier connut un cuisant échec en Italie, où il ne parvint pas à soumettre les cités du Nord attachées à leurs libertés. En 1176, il fut battu par les milices des communes lombardes, à Legnano.

La Querelle des Investitures
En nommant les évêques (ce que l'on appelait l'investiture) et en leur attribuant des terres et des revenus, les empereurs en faisaient leurs vassaux, ce que les papes ne pouvaient admettre. Ce conflit qui dura plus d'un siècle fut finalement résolu au concile de Latran (1122) : l'empereur s'engageait à ne plus intervenir dans les élections des évêques et des papes.

Fréderic II Hohenstaufen (1194-1250)
Petit-fils de Frédéric Barberousse, cet empereur germanique et roi de Sicile excommunié par le pape fut l'un des esprits les plus libres de son temps. Sa brillante cour de Palerme rassemblait des savants et des lettrés grecs, arabes, juifs et italiens. Il fit traduire en latin de nombreux auteurs grecs et fonda l'université de Naples. En haut, naissance du futur Frédéric II (manuscrit du XIVe siècle).

La chasse au faucon
C'était le loisir favori de Frédéric II, qui rédigea lui-même, en latin, un traité de vénerie. Passionné d'histoire naturelle, il aimait à observer le comportement des animaux.

Empereur et savant
Frédéric II avait des connaissances poussées en astronomie et en mathématiques et parlait plusieurs langues, dont l'arabe.

Les croisades

En 1095, le pape Urbain II appela solennellement les chrétiens à se rendre en Palestine pour délivrer le Saint-Sépulcre (le tombeau du Christ) tombé sous la coupe des Turcs. Une foule de pauvres gens répondit à cet appel et à celui de prédicateurs comme Pierre l'Ermite. En signe de reconnaissance, ils avaient cousu une croix d'étoffe rouge sur leurs vêtements ; c'est pourquoi on les surnomma croisés, et leurs expéditions furent appelées les croisades. À peine armés et mal organisés, ces premiers croisés furent massacrés par les Turcs. Mais une armée de chevaliers, conduite par Godefroi de Bouillon, réussit en 1099 à reprendre Jérusalem, reperdue en 1187. Il y eut en tout neuf croisades, avec des résultats militaires peu durables.

Pèlerinages à Rome
En 1300, l'Église catholique célébra son premier jubilé : pour obtenir le pardon de leurs péchés, il suffisait aux fidèles de visiter à plusieurs reprises les basiliques Saint-Pierre et Saint-Paul. Plus tard, il leur faudra visiter au moins sept lieux consacrés.

Le Dôme du Rocher
Jérusalem abritait des lieux sacrés pour les fidèles des trois grandes religions monothéistes : le mur des Lamentations et l'esplanade de Salomon pour les juifs, le Saint-Sépulcre pour les chrétiens et, pour les musulmans, la roche d'où Mahomet monta au ciel, à l'emplacement du Dôme du Rocher (en haut).

Le pouvoir turc
Tant que les Arabes régnaient sur la Palestine, ils avaient toléré les pèlerins. Tout changea en 1055, quand la région tomba aux mains des Turcs, qui les persécutaient.

L'embarquement pour les croisades
De toutes les provinces de la chrétienté, les croisés affluaient dans les ports du sud de l'Italie, d'où ils embarquaient pour la Grèce. De là, ils gagnaient la Terre sainte par les routes terrestres.

PLUSIEURS MILLIERS D'ENFANTS ALLEMANDS ET FRANÇAIS SE RÉUNIRENT EN 1212 DANS LE BUT DE REPRENDRE JÉRUSALEM. MAIS LA CROISADE DES ENFANTS FUT UNE TERRIBLE TRAGÉDIE : CEUX QUI NE MOURURENT PAS EN ROUTE, DE FAIM OU DE MALADIE, FURENT MASSACRÉS PAR LES BRIGANDS OU VENDUS COMME ESCLAVES.

Riches et pauvres, mendiants et chevaliers, femmes et vieillards se lançaient sur les routes des croisades avec un seul espoir : obtenir ainsi l'absolution de tous leurs péchés et entrer au paradis.

LA COHABITATION ENTRE CHRÉTIENS ET MAURES FUT TOUJOURS PACIFIQUE, ET MÊME FÉCONDE, DURANT LES QUATRE SIÈCLES DE DOMINATION MUSULMANE SUR L'ESPAGNE. LORSQUE LA RECONQUÊTE FUT ACHEVÉE, LES MUSULMANS EURENT LE CHOIX ENTRE LA CONVERSION AU CATHOLICISME OU L'EXIL.

LA RECONQUISTA

Débarquant en Espagne en 711, les Arabes établirent rapidement leur domination sur les Wisigoths ; puis, ils renforcèrent leur contrôle sur la Méditerranée occidentale en s'emparant des Baléares, de la Sicile et de la Sardaigne. Au xe siècle, l'Espagne musulmane constituait un puissant émirat autonome, avec Cordoue comme capitale. On vit alors s'y développer une civilisation arabo-andalouse brillante et raffinée, qui devait laisser des traces durables et profondes en Espagne. Mais à partir du XIIIe siècle les rois catholiques d'Espagne, poussés par la papauté, partirent en guerre contre les royaumes arabes. Il leur fallut deux siècles pour achever cette *Reconquista* (reconquête).

Le Cid

Le *Cantar del mio Cid*, poème épique castillan du Moyen Âge, relate les hauts faits de Rodrigo Diaz de Bivar, héros chrétien de la lutte contre les Maures (musulmans d'Afrique du Nord). Cette figure légendaire s'inspirait d'un personnage bien réel, qui avait eu en fait une vie beaucoup moins édifiante, n'hésitant pas à s'allier aux Maures lorsqu'il y trouvait son intérêt.

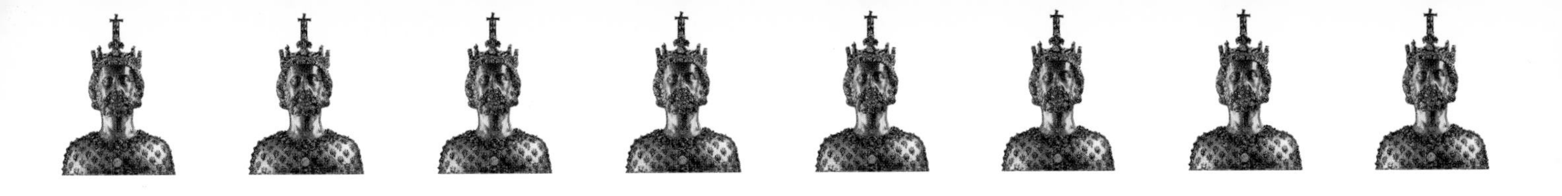

Cordoue
À l'époque de la domination arabe, Cordoue était l'une des cités d'Espagne les plus prospères : on la comparait alors à Constantinople, tant pour sa richesse que pour la beauté de ses monuments. En 929, son émir, Abd al-Rahman III, prit le titre de calife, se proclamant ainsi l'égal du chef suprême du monde islamique, qui avait sa cour à Bagdad.

Grenade
En 1492, après un long siège mené par Isabelle de Castille et Ferdinand d'Aragon, le royaume maure de Grenade – dernier bastion musulman en Espagne – tombait : la *Reconquista* était achevée.

LA FRANCE ET L'ANGLETERRE

Lorsque Hugues Capet, fondateur de la dynastie des Capétiens, monta sur le trône en 987, il n'était guère qu'un seigneur parmi d'autres ; mais les rois de France sauront s'appuyer sur la légitimité conférée par le sacre religieux pour affermir leur pouvoir. La monarchie française ne prendra vraiment forme qu'avec Philippe Auguste (1180-1223), tandis que Saint Louis (1214-1270) dotera le royaume d'une administration puissante et efficace. Cependant le système féodal, sur lequel reposait toute la société médiévale, portait en germe de graves conflits — notamment parce que le roi d'Angleterre, héritier du duché d'Aquitaine, se retrouvait ainsi vassal du roi de France. Ce fut la vraie cause de la guerre de Cent Ans, plus que les prétentions d'Édouard III au trône de France.

LA GUERRE DE CENT ANS
Commencée en 1337 et achevée en 1453, cette guerre, qui avait pour prétexte les prétentions du roi anglais à la couronne de France, se déroula entièrement sur le territoire de la France, qui en sortit ruinée. À gauche, Jeanne d'Arc, héroïne de la lutte pour la libération du pays.

La mort noire
La guerre de Cent Ans n'était pas la seule cause de ravages dans l'Europe du XIVe siècle : entre 1347 et 1356, une terrible épidémie de peste, baptisée la mort noire, fit plus de 20 millions de morts en Europe.

La *Magna Carta*
Les 63 articles de la Grande Charte, qui fut signée de mauvais gré par le roi d'Angleterre Jean sans Terre en 1215, étaient une première entrave au pouvoir monarchique absolu. Parmi les libertés garanties aux sujets anglais figurait le droit à un procès en règle pour tout accusé.

Hastings
En 1066, Guillaume le Conquérant duc de Normandie, qui avait des droits sur le trône anglais, écrasait l'armée du roi saxon Harold, à Hastings, au sud de Londres. Il fut couronné peu après roi d'Angleterre.

Saint Louis
Comme tous les souverains de France, Saint Louis était supposé guérir certaines maladies par simple imposition des mains. Ce roi, particulièrement pieux qui mourut aux croisades, prenait très à cœur les devoirs de charité liés à sa charge. Il fut canonisé en 1289.

PENDANT LA GUERRE DE CENT ANS, L'IDÉE NATIONALE (CE QUE L'ON APPELA PLUS TARD LE PATRIOTISME) EST NÉE À LA FOIS EN ANGLETERRE ET EN FRANCE, EN PARTICULIER DANS LES COUCHES LES PLUS PAUVRES DE LA POPULATION, QUI ÉTAIENT POURTANT CELLES QUI ONT LE PLUS SOUFFERT DE LA GUERRE.

LES MONGOLS ET LES TURCS

Au début du XIIIe siècle, une population nomade des steppes de l'Asie centrale entre tout à coup dans l'Histoire en se taillant le plus gigantesque empire dont ait jamais rêvé un conquérant : les Mongols vont régner des rivages du Pacifique à la Pologne et à la Hongrie. Après avoir passé par les armes les populations de villes entières, ils sont parvenus à gouverner ces immenses territoires et même à y instaurer la paix.
Vers le milieu du XIIIe siècle, les Mongols avaient notamment vaincu les Seldjoukides établis en Anatolie. On vit alors affluer dans cette région diverses autres populations turques, dont les Ottomans. Ces derniers seront les nouveaux conquérants du XVe siècle et s'empareront en 1453 de Constantinople. C'était la fin de l'Empire romain d'Orient.

APRÈS LA CHUTE DE CONSTANTINOPLE ET LA CONQUÊTE DES BALKANS (GRÈCE, BULGARIE, MACÉDOINE ET TOUS LES TERRITOIRES S'ÉTENDANT JUSQU'AU DANUBE), LES OTTOMANS SE TROUVAIENT À LA TÊTE D'UN IMMENSE EMPIRE PUISQU'ILS RÉGNAIENT AUSSI SUR LE MOYEN-ORIENT ET SUR UNE BONNE PARTIE DE L'AFRIQUE DU NORD.

La chute de Constantinople
Le 29 mai 1453, les Byzantins, pourtant aidés par leurs alliés vénitiens et génois, furent vaincus par la puissante armée de Méhémet II.

Suprématie militaire
Les Turcs disposaient alors d'une armée remarquablement efficace et parfaitement entraînée. On y trouvait des soldats provenant de toutes les populations conquises, y compris des chrétiens des Balkans.

L'armée mongole
Soumis à une discipline de fer, les cavaliers mongols montaient des chevaux rapides et résistants. Leur extrême mobilité et la légèreté de leur équipement étaient leurs atouts majeurs.

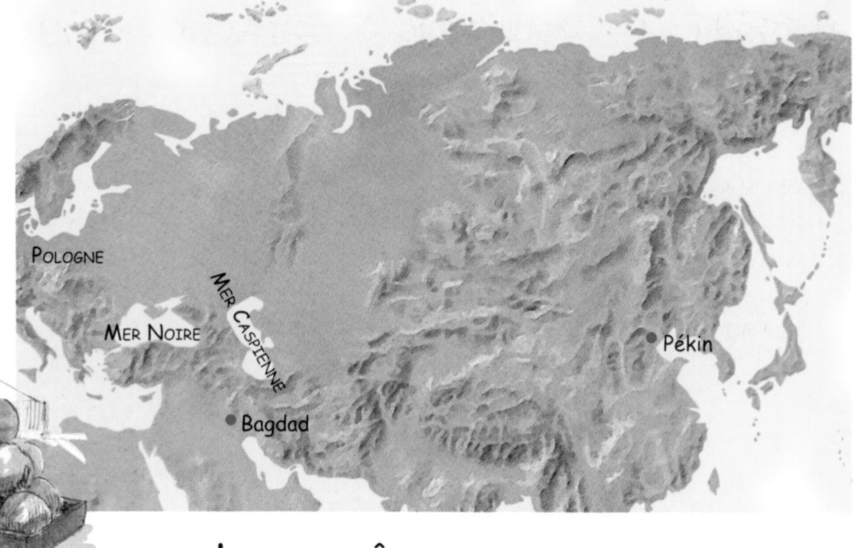

Les conquêtes mongoles
Elles se firent en quatre étapes : Gengis Khan (1167-1227) étendit d'abord son domaine de Pékin à la mer Caspienne ; les Mongols arrivèrent ensuite jusqu'en Pologne ; puis Kubilay Khan acheva la conquête de la Chine ; enfin, en 1258, Bagdad, capitale des Abbassides, fut mise à sac.

Les canons
Pendant les invasions mongoles, l'Occident avait mis au point des canons de plus en plus efficaces, qui réussirent enfin à bloquer les assauts des cavaliers des steppes.

À L'AUBE DES TEMPS MODERNES

La chute de l'Empire byzantin et la montée en puissance de l'Empire ottoman allaient couper durablement les liens entre l'Orient et l'Occident. Fuyant la Grèce conquise par les Turcs, savants, lettrés et érudits furent nombreux à se réfugier en Occident, où ils contribuèrent à l'éclat de la Renaissance. La mainmise des Ottomans sur la Méditerranée orientale eut encore une autre conséquence : contraints désormais de contourner l'Afrique pour gagner les « royaumes des épices », les navigateurs portugais commencèrent à explorer les côtes du golfe de Guinée. Mais, parmi les marins, des bruits circulaient à propos de cartes secrètes indiquant une route plus directe, par l'ouest : c'est ce projet que Christophe Colomb fit financer par les souverains d'Espagne, sans savoir qu'au lieu d'arriver aux Indes il allait aborder un continent inconnu. L'ère des grandes découvertes commençait et le Moyen Âge s'achevait.

Les navires
Au XVe siècle, les caravelles, assez stables et assez hautes pour affronter les tempêtes en haute mer, ont permis aux explorateurs de se lancer sur les océans.

LA SUPÉRIORITÉ MARITIME DES EUROPÉENS, DONT LES NAVIRES ÉTAIENT DÉSORMAIS PLUS SOLIDES ET MIEUX ARMÉS, ALLAIT LES AMENER À S'ÉLOIGNER DE LA MÉDITERRANÉE POUR SE LANCER À L'ASSAUT DE CONTINENTS LOINTAINS ET DE CIVILISATIONS IGNORÉES ; CETTE VOCATION À EXPLORER LE MONDE AURA AU MOINS UNE CONSÉQUENCE FUNESTE, PUISQU'ELLE DÉBOUCHERA SUR L'ESCLAVAGE.

LA BATAILLE NAVALE DE LÉPANTE
En 1571, la République de Venise et le pape réclamèrent la formation de la Sainte Ligue pour vaincre le péril ottoman. L'affrontement eut lieu près des côtes grecques : gagnée grâce aux talents de stratège de don Juan d'Autriche, la bataille de Lépante fut meurtrière, mais libéra pour un temps les routes navales.

Nouveaux instruments
Inventée par les Chinois, la boussole se répandit en Occident au XIVe siècle. Grâce à cet instrument de navigation, qui permettait de se guider lorsque le Soleil ou la Lune étaient cachés, les marins osèrent affronter les longues traversées.

Mystérieuse Afrique
Les Arabes avaient commencé l'exploration de l'Afrique vers l'an 640. Ils avaient traversé le Sahara par les pistes caravanières et avaient découvert les riches royaumes qui s'étendaient au sud du désert. Ils furent les premiers à instaurer un trafic d'esclaves noirs.

Les géographes
Au cours du XVe siècle, l'idée d'une Terre ronde (et non plus plate comme un disque) s'était pratiquement imposée. Les voyages de circumnavigation autour du globe en étaient la conséquence logique ; mais les Vikings étaient alors les seuls à avoir découvert un quatrième continent : l'Amérique.

INDEX

QU'EST-CE QUE LE MOYEN ÂGE ?

C'est à partir du XVIIe siècle que l'on commença à employer le terme de Moyen Âge pour désigner la période qui s'étend entre le Ve et le XVe siècle. On soulignait ainsi qu'il s'agissait d'une époque intermédiaire entre la perfection classique de l'Antiquité gréco-romaine et les splendeurs de la Renaissance. Le Moyen Âge aurait ainsi interrompu pendant mille ans la continuité de la culture occidentale.

LA VISION ACTUELLE

Aujourd'hui, les historiens, dans leur très grande majorité, refusent cette vision trop simpliste.
Le Moyen Âge, qui s'étend sur un millénaire, a été une période extrêmement riche et complexe, qui a vu la société se transformer radicalement. On y distingue différentes périodes, qui varient parfois selon la région de l'Europe considérée. C'est ainsi qu'en Italie le XIVe siècle appartient déjà à la Renaissance, alors que c'est encore l'âge gothique en Angleterre.

LES LIEUX

On ne peut parler de Moyen Âge que si l'on se réfère à l'Europe et, dans une moindre mesure, aux régions qui étaient en relations étroites avec les pays européens, c'est-à-dire le reste du Bassin méditerranéen et le Proche-Orient. Il s'agit en fait des territoires qui constituaient l'Empire romain avant sa division. Dans le reste du monde, le terme de Moyen Âge a des sens différents ; au Japon, par exemple, il désigne une époque bien plus récente.

LA POPULATION

Mis à part une forte diminution de la population liée aux grandes invasions et les quelque 25 millions de morts dus à la peste de 1347-1356, il est impossible de donner une évolution globale de la population en Europe. Guerres et famines ont eu surtout des effets locaux.